BEI GRIN MACHT SICH IHR WISSEN BEZAHLT

- Wir veröffentlichen Ihre Hausarbeit,
  Bachelor- und Masterarbeit

- Ihr eigenes eBook und Buch -
  weltweit in allen wichtigen Shops

- Verdienen Sie an jedem Verkauf

Jetzt bei www.GRIN.com hochladen
und kostenlos publizieren

Lernen, Motivation und Konditionierung. Entwicklung mit dem Alter

Nadine Wildmann

Bibliografische Information der Deutschen Nationalbibliothek:

Die Deutsche Nationalbibliothek verzeichnet diese Publikation in der Deutschen Nationalbibliografie; detaillierte bibliografische Daten sind im Internet über http://dnb.d-nb.de abrufbar.

ISBN: 9783346745088
Dieses Buch ist auch als E-Book erhältlich.

Druck und Bindung: Books on Demand GmbH, Norderstedt Germany
Gedruckt auf säurefreiem Papier aus verantwortungsvollen Quellen

Das vorliegende Werk wurde sorgfältig erarbeitet. Dennoch übernehmen Autoren und Verlag für die Richtigkeit von Angaben, Hinweisen, Links und Ratschlägen sowie eventuelle Druckfehler keine Haftung.

Das Buch bei GRIN: https://www.grin.com/document/1286420

Humanwissenschaftliche Grundlagen der Sozialen Arbeit

Einsendeaufgabe

SRH Fernhochschule

Verfasst von:

Nadine Wildmann

Studiengang: Soziale Arbeit (B.A.)

Inhaltsverzeichnis

Abkürzungsverzeichnis

u.a   -   unter anderem

z.B.   -   zum Beispiel

z.T.   -   zum Teil

et. al.   -   und andere

Abb.   -   Abbildung

Abbildungsverzeichnis

Genderhinweis

Aus Gründen der besseren Lesbarkeit wird in dieser wissenschaftlichen Arbeit die männliche Sprachform verwendet. Es wird an dieser Stelle drauf hingewiesen, dass alle Geschlechter angesprochen werden.

Teilaufgabe C1

1.   Erkenntnisse der Erwachsenenbildung

1.1   Definition Lernen

Das Lernen nimmt seit jeher in der Menschheit einen außerordentlich großen Platz ein. „Die Lernpsychologie definiert Lernen als einen Prozess der relativ stabilen Veränderungen des Verhaltens, Denkens oder Fühlens."[1] Lernen ist ein Prozess, der jeden begleitet, vom Säugling bis zum Greis. Es gibt kein Alter, keine Lebenslage, in der das Lernen aufhört. Dadurch denken Menschen kaum jemals darüber nach, was der Begriff eigentlich bedeutet. Häufig wird Lernen von der Mehrheit der Menschen ausschließlich mit der Schule assoziiert. Dem muss man entgegenhalten, dass das Lernen im Leben eines Menschen bereits bedeutend früher einsetzt, und es gilt aufzuzeigen, dass Lernen jegliche Bereiche des Lebens abdeckt, also nicht nur mit dem schulischen Lernen oder der Wissensaneignung in Verbindung gebracht werden kann.

1.2   Entwicklung im Kindesalter

Zu bemerken ist dies an den bereits angeborenen Fähigkeiten eines Kindes. Exemplarisch zeigt das die Veranlagung eines Babys zum Erlernen des Laufens, der Sprachentwicklung oder auch das Erkennen von Gesichtern nach der Geburt.[2] Ein Mensch kommt bereits mit Instinkten auf die Welt, ohne diese davor in irgendeiner Weise so erlernt zu haben. So hält sich ein Baby beispielsweise mit einer enormen Kraft an Dingen fest, um nicht zu fallen. Auch drehen sich Babys automatisch auf den Rücken, sobald ihr Gesicht mit Wasser in Berührung kommt, um so ihr Überleben zu sichern. Für das Lernen, egal ob als Kind oder in der Erwachsenenbildung, ist das Gedächtnis von großer Bedeutung. Dieses fängt bereits direkt nach der Geburt an sich zu entwickeln.

---

[1] Vgl. *Franken / Franken* (2020) S. 162
[2] Vgl. *Kullmann / Seidel* (2005) S. 37

Durch diese Beispiele lässt sich deuten, dass Lernen zu unserem Grundbedürfnis und Wesen gehört. Kindern wird das Lernen vermehrt spielerisch nähergebracht, auch hört man hier oft den Satz „Lernen mit allen Sinnen". Diese Erfahrungen tragen dazu bei, wie ein Kind seine Umgebung wahrnimmt und daraus lernt. Für die Entwicklung des menschlichen Gehirns spielen die ersten drei Lebensjahre eine große Rolle, in dieser Zeit werden die Grundsteine zur Bildung der Intelligenz gelegt.[3] Doch wie lernen Kinder überhaupt? Überwiegend lernt ein Kind über das so genannte Formale lernen. Das Formale lernen wird bewusst herbeigeführt, bedeutet also in einer Einrichtung wie Schulen, Hochschule etc. mit dem Ziel einen Abschluss zu erlangen.

Kommt ein Kind auf die Welt, verfügt es noch nicht über das gesamte Volumen seines Gehirns und doch sind bereits alle wichtigen Neuronen vorhanden. Mit dem Wachstum des Gehirns vernetzen sich diese untereinander. Daraus entstehen Synapsen, die Schaltstellen des Gehirns.[4]

Anmerkung der Redaktion: Diese Abbildung wurde aus urheberrechtlichen Gründen entfernt.

Abbildung 1: neuronales Netz: Entwicklung bis zum zweiten Lebensjahr https://www.brgdomath.com/psychologie/lernen-und-gedächtnis-tk-3/was-passiert-beim-lernen-im- gehirn/

---

[3] Vgl. *Frank Johannes Lemke* (2017) S. 558
[4] Vgl. *Pauen* (2012)

1.3 Unterschiede beim Lernen in Bezug auf das Alter

Das heutige Arbeitszeitalter hat eine nicht zu unterschätzende Bedeutung für die Erwachsenenbildung. So lässt sich die Arbeitswelt mit dem Wort Leistungsgesellschaft gut definieren. Um uns gegenüber Konkurrenten auf dem Arbeitsmarkt behaupten zu können, ist es wichtig sich stets weiterzubilden, um für den Arbeitsmarkt interessant zu bleiben.

Auch das Fortschreiten der Digitalisierung nimmt hier einen großen Platz ein. Insofern ist es nicht verwunderlich, dass das lebenslange Lernen immer signifikanter für unser Leben und Arbeiten wird.

Ein Punkt auf den eingegangen werden muss ist, dass Erwachsene aus einer anderen Intention heraus lernen als Kinder. Hier wird klar differenziert: Kinder unterliegen einer Schulpflicht und können sich hierbei nicht aussuchen was oder wie viel sie lernen möchten. Im Gegensatz dazu entscheiden sich Erwachsene in den meisten Fällen freiwillig für neue Bildungswege oder Fortbildungen um eine neue Stelle oder eine höhere Position im Job erreichen zu können und sind überwiegend frei in der Wahl der zu lernenden Inhalte.[5] Dies kann ein wichtiger Indikator für das Gelingen eines Lernvorganges sein, da Themen die den eigenen Interessen entsprechen, aus denen somit ein Nutzen für den weiteren Werdegang gezogen werden kann, maßgeblich zum Erfolg beim Lernen beitragen. Wie in Punkt 1.2 beschrieben, bildet das Gehirn eines Kinder sehr schnell neue Synapsen und verknüpft die Inhalte miteinander. Schaut man sich die Lernweise und Entwicklungen Erwachsener an fällt auf, dass die Bildung neuer Synapsen bei Erwachsenen langsamer als bei Kindern von statten geht, es aber durchaus möglich ist die vorhandenen Synapsen umzuschreiben und mit neuen Informationen zu füllen.[6] Damit verglichen nehmen die Informationsverarbeitung und Wahrnehmung mit fortgeschrittenem Alter ab. Es wird immer schwieriger automatisierte Routinen

---

[5] Vgl. *Schellhammer* (2017) S. 16

[6] Vgl. *Franken / Franken* (2020) S. 164

umzulernen, sich auf neue Inhalte einzulassen und sich darauf zu konzentrieren.[7] Allerdings haben Erwachsene gegenüber Kindern den Vorteil an vorheriges Wissen anknüpfen zu können, da in zahlreichen Themengebieten bereits ein Grundwissen, sei es durch den ausgeübten Job oder sonstige Erfahrungen, vorhanden ist. Ein weiterer Punkt, der sich auf die Differenzen in der Erwachsenenbildung gegenüber einem Kind auswirkt, ist, dass ein Erwachsener mitten im Leben steht und neben dem Lernen sämtliche weitere Aufgaben wie Job, Familie etc. meistern muss, die das Lernen erschweren können. An dieser Stelle ist aber hinzuzufügen, dass eine positive Erkenntnis der Erwachsenenbildung mit der gesteigerten Lebenserfahrung einhergeht. In diesem Kontext werfen wir einen Blick auf die fluide sowie kristalline Intelligenz. Gruber & Harteis zeigen auf, dass die alterssensitive fluide Intelligenz (Gedächtnisleistung, Informationsverarbeitung) vor allem im Jugendalter überwiegt und mit den Jahren abnimmt. Die altersstabile kristalline Intelligenz hingegen steigert sich mit den Jahren und ist auf die Lebenserfahrung und das Alltagswissen zurückzuführen.[8] Somit können Menschen im späteren Leben vor allem aus der kristallinen Intelligenz ihre Vorteile erzielen.

Durch Sprüche wie: „Was Hänschen nicht lernt, lernt Hans nimmermehr" könnte man den Eindruck gewinnen, Erwachsene könnten nichts neues lernen. Fasst man aber alle Erkenntnisse der Erwachsenenbildung zusammen, wird recht schnell erkannt, dass diese Annahme so nicht komplett der Wahrheit entspricht. Schellhammer stellt fest, dass die Effizienz in der Erwachsenenbildung, wie bereits angemerkt, vor allem im Antrieb des Lernenden liegt. Erwachsene lernen anders, aber nicht schlechter und in manchen Gebieten durch ihre Lebenserfahrung durchaus einfacher als Kinder.[9]

---

[7] Vgl. *Kullmann / Seidel* (2005) S. 43

[8] Vgl. *Gruber / Harteis* (2008) Kapitel 6.2

[9] Vgl. *Schellhammer* (2017) S. 18

Teilaufgabe C2

2. Unterschiede intrinsische / extrinsische Motivation

2.1 Begriffserklärung Motivation

„Die Kunst ist, einmal mehr aufzustehen, als man umgeworfen wird."[10] Dieses Zitat von Winston Churchill ist ein Beispiel von unzählig vielen weiteren Zitaten, die im Zusammenhang mit Motivation genutzt werden. Aussagen wie „Dazu fehlt mir die Motivation.", „Der Trainer muss die Mannschaft motivieren.", „Der Auszubildende arbeitet sehr motiviert." werden von Menschen ohne weiteres benutzt. Es wird klar: Motivation als Begriff ist in der Gesellschaft geläufig. Doch was umgreift diese Beschreibung eigentlich genau und zeigt es auf warum sich Individuen so verhalten wie sie es tun?

Von dem lateinischen Ausdruck „movere", was so viel wie „bewegen" bedeutet, wird die Bezeichnung Motivation hergeleitet. Hier wird ebenso berücksichtigt das dies sowohl für sich selbst, als auch jemand anderen bewegen, gilt.[11] Aus dieser Erklärung heraus wird deutlich, dass hier vor allem die inneren Prozesse eine große Rolle spielen, die den Menschen dazu bewegen in spezifischer Weise und Umfang zu handeln. Diesbezüglich muss ergänzt werden, dass ein Individuum die Motivation zur Zielsetzung ganz bewusst oder aber auch teil- bzw. nichtbewusst wahrnehmen und steuern kann.[12]

Einfach ausgedrückt entsteht Motivation dann, wenn ein Mensch unbedingt etwas bestimmtes erreichen möchte. Hier wird erstmal außer Acht gelassen, ob dies positiv oder negativ, sowie materiell oder nicht materiell ist. Der griechische Philosoph Epikur, war schon früh der Meinung das die Menschheit in hedonistischer Weise handelt.

---

[10] *Churchill* (1913)

[11] Vgl. *Prof. Dr. P. Arenberg* (2017) S. 62

[12] Vgl. *Klaudius Siegfried* (2017) S. 594

Seine These macht bewusst, dass ein Mensch stets danach handelt, Lust und Freude zu erfahren und das eigene Leid zu minimieren. Durch Epikur wird das Lust-Unlust Prinzip beziehungsweise der Begriff Hedonismus geprägt.

Epikur zeigt auf das ein Mensch durch Positive und negative Zustände, sowie Lust und Unlust im Verhalten beeinflusst wird.[13] Rheinberg definiert Motivation als „[...] die aktivierende Ausrichtung des momentanen Lebensvollzugs auf einen positiv bewerteten Zielzustand."[14] Dieses Zitat zeigt nochmals auf, worum es bei Motivation eigentlich geht: Durch ausgeführte Aktivitäten und Handlungen in Zukunft sein Ziel zu erreichen. Beispielsweise stehen wir im Winter morgens auf, um Schnee zu schippen (Handlung) damit wir und andere Menschen nicht auf dem Schnee ausrutschen und uns verletzen (Ziel). Basis des motivierten Handelns bietet meist die kognitive Ebene. Das zeigt sich zum Beispiel daran, dass wir häufig zwischen zwei oder mehreren Handlungsalternativen abwägen und entscheiden. Sobald wir uns für eine Option entscheiden haben, handeln wir danach.[15]

Aus der Sicht von Freuds Motivationstheorie ist die Motivation dem Menschen zu einem deutlichen Teil nicht bewusst. Indikatoren für diese unterbewusste Motivation sind laut Freud: Träume und Trauminhalte, freie Assoziationen, Widerstände, Lebensmuster, Witze und Fehlleistungen, neurotische Zwänge sowie schöpferisches Tun.[16] Dazu gibt es unzählige Studien und Forschungen, wie und weshalb sich Menschen in ihrer Motivation unterscheiden. Zwei spannende Ansätze sind hier die Erklärung der intrinsischen sowie extrinsischen Motivation auf, die im Weiteren näher eingegangen wird.

2.2 Intrinsische und Extrinsische Motivation

Warum lernen viele Menschen freiwillig eine neue Sprache oder studieren? Wie in Punkt 2.1 beschrieben, wird ein Mensch von einem inneren oder äußeren Impuls angetrieben, eine Handlung auszuführen. Die Antwort auf die

---

[13] Vgl. *Rudolph* (2013) S. 2
[14] *Rheinberg / Salisch* (2008) S. 16
[15] Vgl. *Rudolph* (2013) S. 19
[16] Vgl. *Rudolph* (2013) S. 28

Eingangsfrage kann somit mit und durch die intrinsischen Motivation beantwortet werden. Schon bei dem gewählten Begriff wird deutlich, worum es sich handelt, aus dem Englischen ins Deutsche bedeutet Intrinsisch (Engl. = intrinsic) übersetzt „innere".[17] Einfach erklärt, bedeutet die intrinsische Motivation also nichts anderes, als dass der Mensch die Motivation zum Ausführen einer Handlung aus dem Inneren herausnimmt. Somit ist von außen keine Anregung nötig, damit eine Tätigkeit langwierig mit Freude ausgeführt wird.[18] Der ausgeführten Handlung geht als Anreiz voraus, dass allein, das Handeln an sich als interessant und ansprechend wahrgenommen wird.[19] Also nicht direkt das Ziel oder Ergebnis am Ende als Befriedigend gilt.

Die intrinsische Motivation kann hierbei zum einen themenbezogen entstehen,

z.B   lernt ein Kind gerne für Musik, weil es musikalisch ist und für diese Themen interessiert oder tätigkeitsspezifisch, was so viel bedeutet wie das Kind lernt unabhängig des Themas gerne, einfach weil es die Tätigkeit des Lernens an sich gerne erlebt.[20]

Deutlich wird das durch die von Deci und Ryan erhobene Theorie der Basisbedürfnisse, auch self-determination theory genannt. Diese ist in der Psychologie einer der wichtigsten Erklärungsmodelle, wie intrinsische Motivation entsteht. [21] Ausgangspunkt sind insgesamt drei grundlegende Bedürfnisse, die die Basis der intrinsischen Motivation schaffen. Zu diesen gehören die Selbstbestimmung (Autonomie), Kompetenz und die soziale Eingebundenheit. Hierbei ist anzumerken: „Bei den Basisbedürfnissen knüpfen Deci und Ryan an die Theorie von Maslow an und definieren sie als universell, das bedeutet, Basisbedürfnisse gelten für alle Menschen."[22]

---

[17] Vgl. *Rheinberg / Salisch* (2008) S. 149
[18] Vgl. *Brandstätter et al.* (2018) S. 113
[19] Vgl. *Schiefele und Köller* (2006) S. 303
[20] Vgl. *Renkl* (2008) Kapitel 7, Position 4871
[21] Vgl. *Brandstätter et al.* (2018) S. 117
[22] Vgl. *Arenberg* (2017) S. 68/69

Werden die Basisbedürfnisse betrachtet, ergeben sich folgende Definitionen für jedes Bedürfnis:

- **Selbstbestimmung**: Das Empfinden aufgrund seiner Werte und Interessen die eigenen Handlungen zu bestimmen.
- **Kompetenzerleben**: Durch das Erreichen gesetzter Ziele fühlt sich der Handelnde in seinem Tun gestärkt und kompetent.
- **Soziale Eingebundenheit**: Ist das Bedürfnis zu anderen Menschen oder Gruppen (Familie, Freunde, Arbeitskollegen) dazu zu gehören.

Diese Bedürfnisse sind jedem Menschen angeboren und sind neben den biologischen Bedürfnissen wie Nahrung oder Schlaf überlebensnotwendig.[23]

Im Gegensatz zur intrinsischen wird die extrinsische Motivation nicht von inneren Bedürfnissen oder Impulsen geleitet, sondern von äußeren. Damit ist gemeint, dass diese Art der Motivation auf äußere Faktoren wie z.B materielle Belohnung und Bestrafung, Überwachung oder soziale Bewertung wie Lob, Noten oder Tadel reagiert. So beschreibt Renkl extrinsische Motivation als Handlungen, die ausgeführt werden „weil sie nach der Überzeugung des Handelnden mit einer hinreichenden Wahrscheinlichkeit zu einem positiven Ergebnis führen."[24] Die extrinsische Motivation wird nicht ausgeführt weil die Handlung an sich Spaß bringt, sondern weil entweder das Ergebnis ein positives Gefühl oder einen Nutzen nach sich zieht oder um einem negativen Ergebnis entgegen zu wirken und dieses zu verhindern.

- Intrinsische Motivation = Ich möchte etwas tun, weil es mir Spaß macht oder ich es gerne tue.
- Extrinsische Motivation = Ich muss etwas tun, um ein bestimmtes Ziel von mir zu erreichen.

---

[23] Vgl. *Brandstätter* (2018) S. 117

[24] *Renkl* (2008) Kapitel 7, Position 4877

Kommt der Mensch am Ende der extrinsisch motivierten Handlung nicht zum gewünschten Ergebnis, sind oft eine negative Stimmung oder ein geringes Wohlbefinden das Resultat.

Ein Beispiel zur Veranschaulichung der Unterschiede zwischen extrinsischer und intrinsischer Motivation wäre z.b. ein Medizinisches Studium. Intrinsisch motiviert sind die Student*innen, die Menschen helfen und heilen möchten. Student*innen, die dieses Studium allerdings aufgrund der späteren Bezahlung oder des sozialen Status anstreben, handeln extrinsisch.

Eine weitere Abgrenzung dieser beiden Arten der Motivation zeigt sich in den auslösenden Faktoren. Während die extrinsische Motivation unter dem Gesichtspunkt der Belohnung und/oder Bestrafung agiert, sind es genau diese Faktoren, die die intrinsische Motivation hindern.[25] Dies bedeutet aber nicht automatisch das sich die extrinsische und intrinsische Motivation gegenseitig ausschließen.[26]

Eine spannende Sichtweise auf beide Motivationsarten zeigt sich bei der Kognitiven Bewertungstheorie (cognitive evaluation theory) genau gesagt dem Korrumpierungseffekt. Vorrausetzung für das Auftreten des Effektes ist, dass die vorgenommene Handlung von Anfang an aus intrinsischer Motivation passiert ist.[27] Vom Korrumpierungseffekt wird dann gesprochen, wenn die anfängliche intrinsische Motivation durch das Zufügen von extrinsischer Motivation vermindert wird.[28] Im Umkehrschluss bedeutet dies nichts anderes, als das die intrinsische Motivation, die jemand verspürt wenn er etwas tut was ihm Freude bereitet, durch den Korrumpierungseffekt in extrinsische Motivation umgewandelt werden kann und der Mensch eine früher aus eigenem Interesse gern ausgeführte Handlung nun als nicht mehr so attraktiv empfindet. Hier ist

---

[25] Vgl. *Arenberg* (2017) S. 71

[26] Vgl. *Renkl* (2008) Kapitel 7, Position 4882

[27] Vgl. *Arenberg* (2017) S. 71

[28] Vgl. *Rudolph* (2019)

mit Blick auf die Metaanalyse von Cameron et. al. anzumerken das der Korrumpierungseffekt lediglich dann auftritt „wenn

1. Die Tätigkeit interessant ist,

2. materielle Belohnungen (statt Lob) verabreicht werden und

3. wenn diese Belohnungen erwartet werden."[29]

Vor allem in den Themen- und Arbeitsfeldern der Sozialen Arbeit spielt die intrinsische und extrinsische Motivation eine tragende Rolle. Dies wird deutlich, wenn u.a die Arbeit in der Altenpflege betrachtet wird. Im Gegensatz zu anderen Arbeitsfeldern wird diese z.T doch eher gering im Vergleiches des Verdienstes zur Arbeitsleistung belohnt. Es wird deutlich, dass die intrinsische Motivation die extrinsische überwiegt, da der Mitarbeiter, hätte er kein innerliches Interesse an diesem Job, auch einen Beruf ausüben könnte, welcher ihm vielleicht nicht so viel Spaß allerdings mehr Verdienst bringen würde.

Die Unterschiede der Motivationsarten im Kontext Sozialer Arbeit mit Klienten könnten an folgendem Beispiel eines Obdachlosen Jugendlichen aufgezeigt werden: Ein Obdachloser Jugendlicher lebt seit ein paar Jahren auf den Straßen einer Großstadt. Er hat keinen Kontakt mehr zu seiner Familie oder Perspektive in seinem Leben und wird von einem Streetworker aufgegriffen und beraten, Hilfe anzunehmen, indem ihm aufgezeigt wird welche Vorteile eine eigene Wohnung bieten. So z.B. Schutz im Winter vor der Kälte, das Gefühl von Eigentum, keine Angst in der Nacht vor anderen Menschen die ihn ausrauben möchten oder auch die Möglichkeit auf einen Job durch den vorhandenen Wohnsitz. Dies wäre der extrinsische Faktor.

Durch diese Möglichkeiten könnte seine intrinsische Motivation gestärkt werden. Er könnte dadurch einen höheren sozialen Status erlangen und sich somit wichtig und akzeptiert fühlen. Es bestärkt ihn darin, auch wieder Kontakt

---

[29] *Heckhausen / Heckhausen* (2018) S. 431

zu seiner Familie aufzubauen und ein Gefühl von Geborgenheit und Liebe zu erfahren.

Teilaufgabe C3

3.   Konditionierung

Der Begriff Konditionierung kommt aus dem Behaviorismus (Reizkontrolle) und gibt eine Lerntheorie wieder. Primär geht es bei Konditionierung um Reize und darauf basierende Reaktionen.

Es gibt zwei sich unterscheidende Arten von Konditionierung. Hier spricht man von klassischer und operante Konditionierung.

Die klassische Konditionierung ist ein Reiz-Reaktion-Verhalten was bedeutet dass ein ursprünglich unbedingter Reiz durch einen neutralen Reiz ersetzt wird, wodurch bereits der neutrale Reiz die Reaktion auslöst.[30] Signallernen ist eine weitere Beschreibung für die klassische Konditionierung. Kennzeichnend ist vor allem die Forschungsarbeit von Iwan Pawlow der mit Hunden ein Experiment zur klassischen Konditionierung durchführte, bei dem die Hunde auf ein Signal, durch welches sie Futter erwarteten, mit erhöhtem Speichelfluss reagierten.[31]

3.1   Operante Konditionierung

Unter operante Konditionierung versteht man das Erlenen eines bestimmten Auftretens durch Belohnung, dem so genannten Verhalten-Belohnung-Verhalten.[32] Im Gegensatz zur klassischen Konditionierung liegt der Schwerpunkt bei der operanten Konditionierung also nicht auf dem Reiz, sondern auf der Wirkung eines Verhaltens. Konsequenzen können sowohl als Bestrafung oder auch Verstärkung erfolgen. Die Reizverbindungen sind bei der

---

[30] Vgl. *Stangl* (2021)

[31] Vgl. *Arenberg* (2017) S. 43

[32] Vgl. *Stangl* (2021)

klassischen Konditionierung nicht steuer- oder kontrollierbar. Wohingegen bei der operanten Konditionierung anhand von positiven oder negativen Konsequenzen durch die Handlung agiert wird.[33]

Wegbereiter der operanten Konditionierung war Burrhus Frederic Skinner. Skinners bestreben war das Erklären und Bestimmen der Dinge bei Konditionierung, die durch Pawlow nicht erforscht wurden.[34] So war es Skinner, der durch sein Experiment mit Ratten, der so genannten Skinner-Box feststellen konnte, dass entgegen der Forschung von Pawlow vorhergehender Antrieb verantwortlich für die Frequenz der Aktionen ist, sondern ebenfalls Reize die nach der Ausführung folgten (z.B. Futterbelohnungen). Skinner konzipierte in einem Experiment eine einfache Box in der ein Hebel angebracht war. Dieser Hebel war maßgeblich für das Öffnen eins Durchgangs durch den etwas Futter in die Box fiel. In diese Box wurde eine hungrige Ratte gesetzt. Nach etwas Zeit und durch die Aktivität der Ratte betätigte sie den Hebel und das Futter fiel in den Käfig.

Anmerkung der Redaktion: Diese Abbildung wurde aus urheberrechtlichen Gründen entfernt.

Abb. 2: Skinners Box

https://arbeitsblaetter.stangl-taller.at/LERNEN/KonditionierungOperant9.shtml

---

[33] Vgl. *Myers* (2015) S. 300
[34] Vgl. *Arenberg* (2017) S.45

Skinner stellte fest, dass die Ratte mit der Zeit häufiger auf den Hebel drückte als zu Beginn des Experiments, somit wurde die Aktion „Hebeldrücken" durch die Reaktion des herabfallenden Futters verstärkt.[35] Hier ist anzumerken, dass durch operante Konditionierungen nicht ausschließliche positive Anreize oder Auswirkungen stattfinden können. So konnte z.b. eine Ratte durch das Betätigen des Hebels, den unter Strom stehenden Käfig ausschalten oder eine weitere Ratte löste mit der Betätigung des Hebels einen Stromschlag aus.[36]

Hieraus ergeben sich die verschiedenen Arten der Konsequenzen. Auf Verhalten kann eine Bestrafung, eine Verstärkung folgen. In der operanten Konditionierung gibt es verschiedenen Formen von Verhaltenskonsequenzen:

1. **Positive Verstärkung** – Wenn auf das vorrangegangene Verhalten eine positive und angenehme Konsequenz folgt. Bsp: Ein Kind streckt in der Schule und wird daraufhin von der Lehrerin dafür gelobt.
2. **Negative Verstärkung** – Durch das Verhalten entfällt die negative Konsequenz. Bsp: Ein Kind ist zur vereinbarten Zeit zuhause, es gibt keinen Ärger der Eltern.
3. **Positive Bestrafung** - Das Verhalten führt zu einer unangenehmen Konsequenz für das Individuum. Bsp: Ein Schüler kommt zu spät, muss deswegen eine Strafarbeit machen.
4. **Negative Bestrafung** - Als Konsequenz auf ein Verhalten wird der positive, angenehme Reiz entfernt. Bsp: Ein Jugendlicher hält sich nicht an die Abmachungen mit seinen Eltern und darf somit am Wochenende nicht auf eine Party.

Wenn von Verstärkung gesprochen wird, bedeutet dies, dass es sehr wahrscheinlich ist, dass das gezeigte Verhalten wiederholt wird. Wird das Wiederholen des Verhaltens vermieden, spricht man von Bestrafung.[37]

---

[35] Vgl. *Selg / Schermer* (2015) S. 105
[36] Vgl. *Müsseler & Rieger* (2017) S. 325
[37] Vgl. *Arenberg* (2017) S. 46

Die Verstärker können außerdem noch in unterschiedliche Verstärkerarten unterteilt werden, die das erwartete Verhalten festigen:

- *Primäre Verstärker (Grundbedürfnisse):* Essen, Trinken, Wärme
- *Sekundäre Verstärker:* Pluspunkte, Geld
- *Materielle Verstärker:* Spielsachen, Auto
- *Soziale Verstärker:* Lob, Lächeln, Zeit
- *Aktivitätenverstärker:* Lieblingsaktivität, Urlaub, gemeinsame Aktivitäten
- *Informative Verstärker:* Eine Aufgabe geht auf, eine Rechnung ist richtig
- *Selbstverstärkung:* Freude an der Aufgabe, Stolz
- *Fremdverstärkung:* Lob vom Lehrer, Anerkennung von Freunden und Familie

Zusammengefast bedeutet das, dass Verstärkung stetig und direkt auf ein Verhalten folgen muss, damit diese effektiv ist. Auch die Bestrafung hat nur ihren Zweck, wenn sie sofort auf das Verhalten folgt und zudem keine Ausweich- und Fluchtmöglichkeiten zulässt oder gar verstärkende Eigenschaften besitzt.[38]

3.2 Operante Konditionierung am Beispiel eines Klienten in einer Suchtklinik

In den Arbeitsfeldern rund um die Soziale Arbeit findet die Operante Konditionierung ebenfalls ihren Platz. Durch die zielgerichtete und systematische Anwendung im Arbeitsalltag kann das Verhalten von Klienten gezielt beeinflusst und verändert werden.

Wird die operante Konditionierung im Zusammenhang der Therapie eines Suchterkrankten in einer Klinik betrachtet, wäre z.B. ein Szenario, dass der Erkrankte immer pünktlich und zuverlässig zu seinen Einzel- und

---

[38] Vgl. *Imhof* (2010) S.71

Gruppensitzungen erscheint und hierfür im Anschluss einen Punkt bekommt. Die Positive Verstärkung könnte hier somit das Punktesystem sein. Der Klient könnte bei einer gewissen Anzahl der Punkte diese in etwas von ihm als positiv und gewünschte Belohnung „umtauschen". Der Sekundäre Verstärker greift in diesem Fall durch das Verwenden von Bonuspunkten und auch der Aktivitätenstärker könnte aktiviert werden, wenn der Klient eine gemeinsame Unternehmung als Belohnung aussuchen würde.

Ein Beispiel der negativen Verstärkung wäre es, wenn der Klient seine zugeteilten Dienste wie z.B. Spülen, Waschen, Dienste zum Wohl der anderen Bewohner gewissenhaft ausübt, damit er keinen Ärger oder eine Strafe vom zuständigen Betreuer bekommen würde.

Im Falle einer Positiven Bestrafung würde den Erkrankten eine negative Konsequenz erwarten, wenn er die Regeln nicht einhalten würde. Das könnte z.B. sein, dass er sich nicht an eine Vereinbarung halten oder Probleme mit anderen Bewohnern schaffen würde und dadurch vielleicht nicht mehr am gemeinsamen Sport teilnehmen darf oder ein Einzelgespräch führen muss.

Sollte der Klient im Laufe seiner Therapie die Möglichkeit bekommen ein paar Stunden allein die Klinik verlassen zu dürfen und sich dann nicht an die Regeln der Klinik halten, u.a rückfällig werden, zu spät zurück kommen etc. würde ihm daraufhin die Freiheit wieder entzogen werden. Dieser Vorgang fällt unter die negative Bestrafung. Dem Klient wird eine positive Folge durch sein negatives Benehmen entzogen werden.

Literaturverzeichnis

Arenberg, P. (2017), Grundlagen der Pädagogik für die Soziale Arbeit, 1. Auflage, Studienbrief der SRH Fernhochschule, Riedlingen.

Brandstätter, V. (2018), Intrinsische Motivation. In: Brandstätter, V., Schüler, J., Puca,

R. M., Lozo, L., (Hrsg.), Motivation und Emotion, 2. Aufl., Zürich, S. 113 – 117.

Churchill, Winston (1913): https://gutezitate.com/zitat/244777 Churchill abgerufen am 24.10.2021

Franken, R./Franken, S. (2020), Wissen, Lernen und Innovationen im digitalen Unternehmen: Mit Fallstudien und Praxisbeispielen, 2. Aufl., Köln

Gruber, H./Harteis,C. (2008) Lernen und Lehren im Erwachsenenalter. In Renkl, A. (Hrsg.) Lehrbuch Pädagogische Psychologie, 1. Aufl., Bern, Kapitel 6.

Heckhausen, J./Heckhausen, H. (2018), Motivation und Handeln, 5. Auflage, Berlin.

Imhof, M. (2010), Psychologie für Lehramtsstudierende, 1. Auflage, Wiesbaden.

Klaudius, S. (2017), Motivation. In: Deutscher Verein für öffentliche und private Fürsorge e.V.: Fachlexikon der Sozialen Arbeit, 8. Auflage, Baden-Baden, S. 594

Kullmann, H-M./Seidel, E., (2005), Lernen und Gedächtnis im Erwachsenenalter, 2. Auflage, Bielefeld.

Lemke, F-J., (2017), Motivation. In: Deutscher Verein für öffentliche und private Fürsorge e.V.: Fachlexikon der Sozialen Arbeit, 8. Auflage, Baden-Baden, S. 558

Müsseler, J./Rieger, M., (2017), Allgemeine Psychologie, 3. Auflage, Heidelberg.

Myers, D-G., (2015), Psychology, 3. Auflage, Heidelberg.

Pauen, S./Elsner, B., (2012), Vorgeburtliche Entwicklung und früheste Kindheit. In: Schneider, W./Lindenberger, U. (Hrsg.) Entwicklungspsychologie, 7. Auflage, Weinheim.

Renkl, A. (2008), Lehrbuch Pädagogische Psychologie, 1. Auflage, Bern.Rheinberg, F.,/Salisch, M. (2008), Motivation, 7. Auflage, Stuttgart.

Rudolph, U. (2013), Motivationspsychologie, 3. Auflage, Basel.

Rudolph, U. (2019): https://dorsch.hogrefe.com/stichwort/korrumpierungseffekt aufgerufen am 04.11.2021

Schellhammer, B. (2017), Wie lernen Erwachsene (heute)?, 1. Auflage, Weinheim Basel.

Schiefele, U./Köller, O. (2006), Intrinsische und Extrinsische Motivation. In: Rost, D. (Hrsg.) Handwörterbuch Pädagogische Psychologie, 3. Auflage, Weinheim.

Selg, H./Schermer, F., (2015) Lernpsychologi. In: Lautenbacher, S. (Hrsg.) Psychologie, 5. Auflage, Stuttgart.

Stangl, W. (2021), Konditionierung. In: Stangl, W.: Lexikon für Psychologie und Pädagogik. https://lexikon.stangl.eu/241/konditionierung aufgerufen am: 21.10.2021

BEI GRIN MACHT SICH IHR WISSEN BEZAHLT

- Wir veröffentlichen Ihre Hausarbeit,
  Bachelor- und Masterarbeit

- Ihr eigenes eBook und Buch -
  weltweit in allen wichtigen Shops

- Verdienen Sie an jedem Verkauf

Jetzt bei www.GRIN.com hochladen und kostenlos publizieren